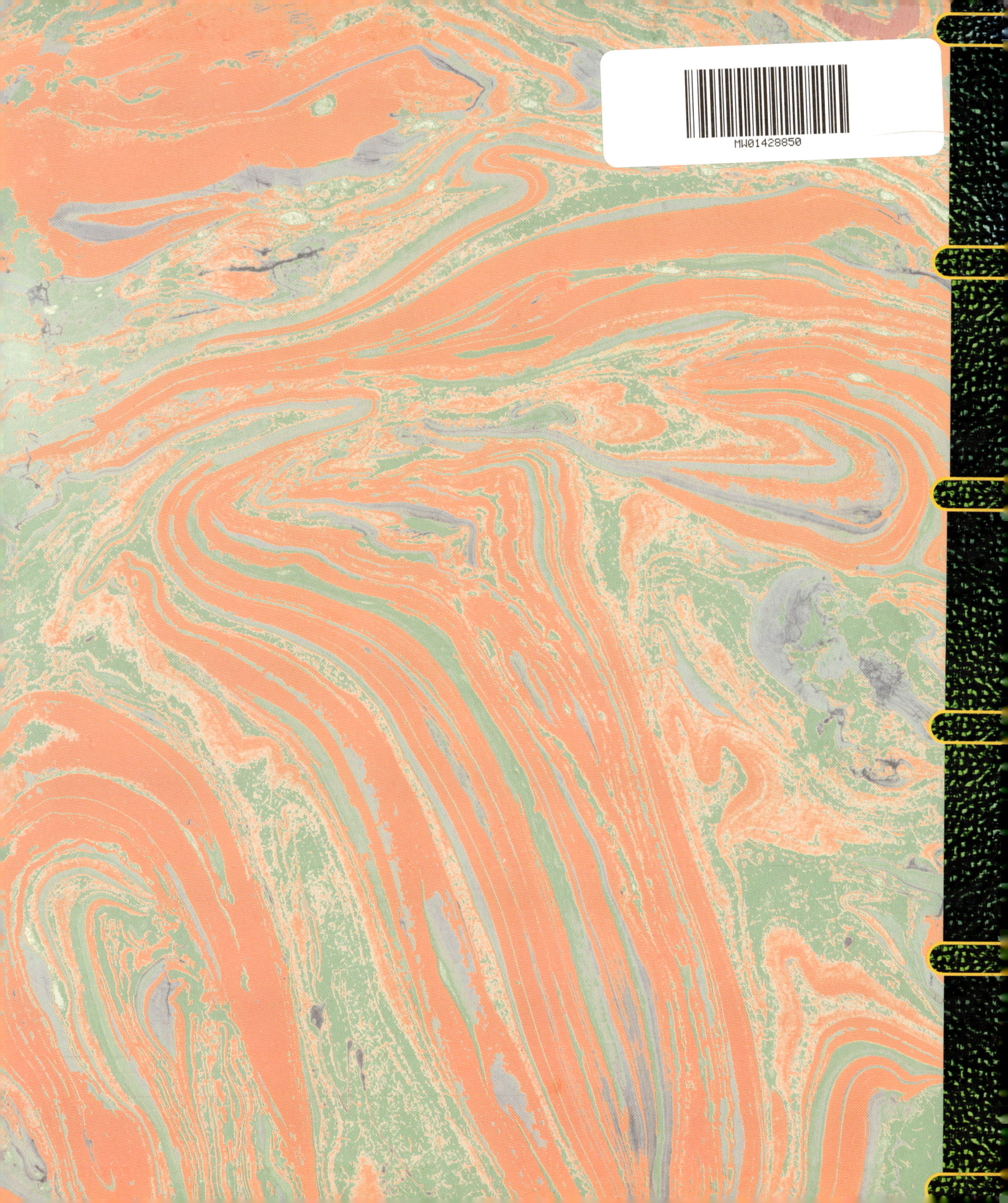

Teseo y el Minotauro

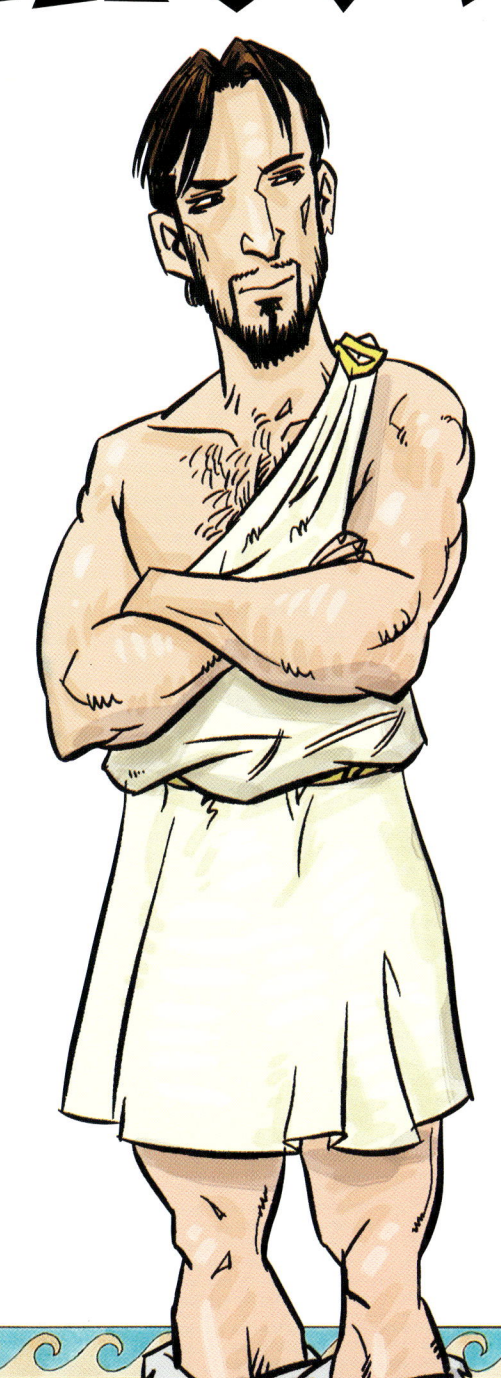

Título original del libro
Theseus and the Minotaur

Nombre original de la colección
Ancient Greek Myths

Autor:
James Ford estudió Inglés y Literatura clásica en la Universidad de Oxford. Enseñó inglés en Grecia antes de regresar a Inglaterra y trabajar en el área editorial. Ahora vive en Brighton.

Ilustrador:
Gary Andrews se graduó en el Exeter Collage of Art en 1983 y ha sido dibujante desde entonces. Sus trabajos de ilustración abarcan toda clase de géneros, desde libros para niños hasta animación y publicidad.

Creador de la colección:
David Salariya nació en Dundee, Escocia. Ha ilustrado una gama amplia de libros y diseñado muchas series nuevas para editoriales, tanto en el Reino Unido como en el exterior. En 1989 fundó The Salariya Book Company. Vive en Brighton con su esposa, la ilustradora Shirley Willis, y con su hijo Jonathan.

Editor en inglés
Michael Ford

Ford, James
    Teseo y el Minotauro / escrito por James Ford ; ilustrado por Gary Andrews. — Bogotá : Panamericana Editorial, 2005.
    32 p. : il. ; 26 cm. — (Mitos griegos)
    ISBN 978-958-30-1854-1
    1. Cuentos infantiles 2. Mitología griega - Literatura infantil 3. Teseo (Mitología griega) - Literatura infantil 4. Minotauro (Mitología griega) - Literatura infantil I. Andrews, Gary, il. II. Tít. III. Serie.
    I808.831 cd 19 ed.
    AJF3497

    CEP-Banco de la República-Biblioteca Luis Ángel Arango

Editor
Panamericana Editorial Ltda.

Traducción
María Clara González

Primera edición en Panamericana Editorial Ltda., junio de 2007
Primera edición, The Salariya Book Company Ltd., 2004

© 2004 The Salariya Book Company Ltd.
© 2005 de la traducción al español: Panamericana Editorial Ltda.
Calle 12 No. 34 20, Tels.: 3603077 - 2770100
Fax: (57 1) 2373805
Correo electrónico: panaedit@panamericanaeditorial.com
www.panamericanaeditorial.com
Bogotá D.C., Colombia

ISBN 978-958-30-1854-1

Todos los derechos reservados.
Prohibida su reproducción total o parcial
por cualquier medio sin permiso del Editor.

Impreso por Panamericana Formas e Impresos S.A.
Calle 65 No. 95 - 28, Tel.: 4300355
Fax: (57 1) 2763008
Bogotá D.C., Colombia
Quien sólo actúa como impresor.

Impreso en Colombia   Printed in Colombia

Mitos griegos

Teseo y el Minotauro

Escrito por
James Ford

Ilustrado por
Gary Andrews

Creado y diseñado por
David Salariya

PANAMERICANA
EDITORIAL

El mundo de los mitos griegos

La antigua civilización griega fue una de las más grandes en la historia. Abarcó cerca de dos mil años, hasta que fue conquistada por el Imperio Romano en el siglo II a. C. En su momento de máximo esplendor, el mundo griego se extendió mucho más allá de lo que hoy conocemos como la Grecia moderna.

Mucho les debemos a los antiguos griegos. Fueron grandes científicos, matemáticos, dramaturgos y filósofos. Y también fueron brillantes narradores de historias. Varios de sus relatos tenían forma de poemas, y a menudo estaban compuestos por miles de versos. En ellos los griegos trataron todo tipo de experiencias humanas, como el amor, la amistad, la guerra, la venganza, la historia e incluso las más simples actividades cotidianas. Los más famosos que han llegado hasta nosotros son los poemas épicos: historias de coraje y de guerra, donde valerosos héroes luchan y superan grandes dificultades.

Mapa que muestra la Grecia antigua, con sus islas y sus tierras vecinas.

Es asombroso saber que hasta el siglo VIII a. C., los griegos no habían creado ninguna forma de escritura. Todas sus historias, a pesar de su extensión, se transmitían oralmente de generación en generación. Aquellos que las relataban eran narradores profesionales. Y las recitaban acompañados de música en las grandes plazas o en los teatros públicos. Con frecuencia existían muchas versiones de un mismo mito, dependiendo de quién lo contaba y a quién se lo contaba. La siguiente historia es una de las versiones que ha llegado hasta nosotros de las heroicas hazañas de Teseo.

Si necesitas ayuda con alguno de los nombres o palabras que no conoces, puedes consultar las páginas 30 y 31.

Introducción

Vengan a mi alrededor y escuchen mi historia. Oigan atentamente porque lo que voy a contarles hoy es una historia de un héroe y un monstruo que jamás serán olvidados.

La isla de Creta era una de los reinos más poderosos de Grecia. A la muerte del anciano rey Asterión, el pueblo no estaba seguro de quién podría ser el mejor heredero al trono. Minos, el hijo adoptivo de Asterión, quería desesperadamente ser rey, aun cuando la gente no estaba muy alegre por ello. Para poder reclamar el trono, Minos prometió un milagro a los cretenses, hacer salir un toro caminando del mar Mediterráneo.

Éste es un relato épico...

El rey Minos

Al oír semejante promesa, los ciudadanos se burlaban y decían que estaba loco. Minos oró a Posidón, el dios del mar, para que un toro saliera de las olas, prometiéndole sacrificarlo en su honor. Al llamado de Minos una gran multitud se congregó en la playa, y lo que sucedió a continuación a todos les pareció increíble. Para asombro de los asistentes, dos enormes cuernos rompieron las olas y un magnífico toro blanco surgió de las profundidades del mar. La gente aterrorizada cayó de rodillas y proclamó a Minos como su rey. Sin embargo, esa bendición muy pronto se convertiría en una maldición, ya que Minos trataría de aprovecharse de los dioses.

Promesa rota

En lugar de sacrificar el magnífico animal a Posidón, como había prometido, Minos lo conservó como mascota. En su lugar sacrificó un toro cualquiera de su rebaño, lo que enfureció al dios del mar.

Pregúntale al rapsoda
¿Quién era el rey Minos?

El rey Minos era el hijo de Zeus y de una ninfa llamada Europa. Zeus tomó la apariencia de un hermoso toro para atraer a la inocente Europa y luego la llevó muy lejos, al otro lado del mar.

Mídete esta corona para saber si es de tu talla.

Creta y Atenas en guerra

El rey Minos y su esposa Pasífae tenían un hijo, Androgeo, a quien amaban mucho. Cuando Androgeo triunfó en una competencia atlética despertó mucha envidia: tanta que Egeo, el rey de Atenas, mandó atacarlo y así el joven encontró su fin mientras viajaba de regreso a casa. Esto provocó la furia no sólo de Minos, sino también la de los dioses. Minos reunió una gran flota de barcos y declaró la guerra a Atenas.

Amenazados por Minos y por los dioses, los atenienses consultaron el oráculo de Delfos buscando una salida. Los sacerdotes les dijeron que debían rendirse a Creta y obedecer las órdenes de Minos, como retribución por haber causado la muerte de Androgeo. De este modo evitarían que Minos destruyera Atenas.

¡La plaga!

En señal de desaprobación por el asesinato de Androgeo, los dioses mandaron una terrible plaga a los atenienses. Las calles de Atenas se llenaron de moribundos.

Pregúntale al rapsoda

¿Qué era el oráculo de Delfos?

Era un templo sagrado dedicado a Apolo en Delfos. Allí los sacerdotes podían comunicarse directamente con los dioses, quienes daban instrucciones y hacían profecías, frecuentemente en forma de acertijo.

Pasífae y el toro

A pesar de que los dioses habían ayudado a Minos a derrotar a los atenienses, Posidón, el dios del mar, continuaba furioso con el nuevo rey por su engaño. Minos pronto se arrepentiría por no haber sacrificado al toro sagrado. Estando en el mar, lejos de Creta, Posidón planeó en su contra una de sus travesuras, y para ello pidió ayuda a Afrodita, la diosa del amor.

Afrodita hechizó a Pasífae, la esposa de Minos, para que se enamorara locamente ¡ni más ni menos que del mismísimo toro! Pasífae recurrió al ingenio de Dédalo, un famoso inventor ateniense que vivía en Creta. Él le hizo un disfraz de vaca tan perfecto que parecía real. Así la reina pudo acercarse al toro y disfrutar de muchos días felices en la pradera con el animal sagrado.

Pregúntale al rapsoda
¿Quién era Dédalo?

Dédalo era un famoso inventor de Atenas. Envidioso de su ingenioso sobrino Talos, lo empujó en un templo escaleras abajo, provocando su muerte. Como consecuencia, tuvo que huir a Creta, junto con su hijo Ícaro.

¿Nos hemos visto antes?

Una sorpresa desagradable

Cuando Minos regresó de Atenas, descubrió que Pasífae había dado a luz a un hijo que no era de él. ¡El bebé nació horriblemente deforme, tenía cuerpo de niño y cabeza de toro! Esa extraña y antinatural criatura fue llamada el Minotauro.

El laberinto

Minos culpó a Dédalo de su vergüenza. Queriendo disimularla, ordenó al inventor construir una prisión para encerrar al Minotauro. Obedeciendo las órdenes de Minos, Dédalo construyó un complicado sistema de túneles entrecruzados debajo del palacio del rey, que fue llamado el laberinto. Una vez adentro, ningún ser vivo era capaz de encontrar el camino de salida y moría miserablemente después de una larga agonía. El Minotauro fue lanzado a las oscuras profundidades de esta prisión para no ser visto nunca más sobre la tierra.

La reina Pasífae hizo todo lo que estuvo a su alcance para evitar que mataran a la criatura; después de la muerte de su hijo Androgeo no quería perder otro hijo. La vida del pobre Minotauro en el laberinto era muy desdichada. El único alimento que tenía a su alcance eran las ratas que encontraba. Pero aunque el Minotauro estaba escondido de la vista de todos, no había sido olvidado. El rey Minos tenía sus propias razones para mantener viva a la criatura.

Adoración al toro

En Creta los toros eran criaturas sagradas y cada año se celebraba un festival en su honor, en el que los más valientes daban un salto mortal sobre los cuernos de un toro enfurecido. Durante ese festival, mucha gente era corneada y moría, pero a los triunfadores se les rendían grandes honores.

Pregúntale al rapsoda

¿Amaba Pasífae a su extraño hijo?

Una madre siempre ama a su hijo, independientemente de la apariencia que tenga. El Minotauro fue criado como un niño normal, mientras se construía el laberinto.

Un terrible precio

El rey Minos siempre quiso vengarse de los atenienses por el cruel asesinato de su hijo y ahora había ideado la manera de hacerlo. Exigió al rey Egeo enviar cada nueve años siete doncellas y siete jóvenes atenienses. Estos pobres tendrían un terrible fin en los tenebrosos corredores del laberinto. Vagando perdidos y confusos en la oscuridad, morirían en las fauces del hambriento Minotauro. El rey Egeo no tuvo más remedio que aceptar el terrible sacrificio, porque los dioses le habían ordenado, a través del oráculo, obedecer al rey Minos.

El barco de la muerte

Cada nueve años, cuando se cumplía el plazo para el sacrificio, el rey Egeo despedía con tristeza a las víctimas en el puerto de Atenas. Ellos zarpaban en un barco con velas negras, símbolo de su inevitable muerte.

Pregúntale al rapsoda

¿Cómo se escogían las víctimas?

Las víctimas eran escogidas al azar, pero el rey Minos iba a Atenas a dar visto bueno de la cena del Minotauro. Le complacía mucho poder vengar de ese modo la muerte de su hijo Androgeo.

El pasado secreto de Egeo

Hacía muchos años el rey Egeo había visitado a un rey extranjero llamado Piteo. Egeo había pasado la noche con Etra, la hija del rey, quien quedó embarazada. Desafortunadamente, Egeo tuvo que regresar a Atenas. Los palántidas, hijos de Palante, le habían declarado la guerra a su reino. Egeo escondió un par de sandalias y una espada debajo de una enorme roca y dejó a Etra diciéndole que cuando el niño se hiciera hombre debía ir a la roca, y recuperar estos objetos, los cuales representaban sus derechos de nacimiento. Nueve meses más tarde, Etra dio a luz a un niño llamado Teseo. Cuando éste creció, su madre lo llevó hasta la enorme roca, la cual el joven levantó con facilidad. Luego, Etra lo envió a Atenas en busca de su padre.

¡Su padre estaría tan orgulloso de él!

¿Dos padres?

Algunos dicen que Egeo no era el padre de Teseo, y que en realidad su verdadero padre era el dios Posidón. Eso ciertamente explicaría su gran fuerza y poder.

De camino a Atenas, Teseo llevó a cabo muchas valientes hazañas. Para cuando llegó a la ciudad ya era famoso, aunque todos ignoraban que era el hijo del rey Egeo. Teseo fue invitado a una cena en el palacio, que bien pudo haber sido la última.

Pregúntale al rapsoda
¿Quiénes eran los palántidas?

Egeo tenía un malvado hermano llamado Palante, quien había tenido 50 hijos, conocidos como los palántidas. Palante y Egeo se disputaban continuamente el trono de Atenas.

17

Una madrastra malvada

Medea había llegado recientemente a Atenas y se había casado con el rey Egeo. Además de ser una mujer cruel, era manipuladora. Como no era bienvenida en ningún otro lugar, había buscado refugio en Atenas. Acostumbrada a sospechar de todo el mundo, quería deshacerse del joven y atractivo visitante, entonces convenció a Egeo de ofrecer a Teseo una copa con vino envenenado. Pero cuando Teseo estaba a punto de beberse el vino, Egeo vio la empuñadura de su antigua espada y reconoció a su hijo. Se arrojó sobre él y le quitó la copa envenenada de las manos.

Padre e hijo

Egeo estaba rebosante de alegría porque después de tantos años al fin podía tener a su hijo con él. No le perdonó a Medea el haber intentado envenenarlo y la expulsó para siempre de su reino.

¡Mi hijo!

Pregúntale al rapsoda
¿Quién era Medea?

Medea había estado casada con el famoso héroe Jasón, a quien ayudó a robar el vellocino de oro, en poder de su padre Eetes. Cuando Jasón la abandonó en Corinto, ella, en venganza, mató a sus propios hijos y escapó a Atenas en un carro volador.

Teseo se embarca para Creta

Teseo libró rápidamente al reino de Atenas de la opresión de los palántidas, pero no tuvo mucho tiempo para disfrutar de su gloria. Se le venció el plazo a Atenas para enviar a Creta la tercera ofrenda de víctimas y el rey Egeo, que estaba tan feliz por haber podido reunirse con su hijo perdido por tanto tiempo, iba a tener un gran disgusto. Teseo decidió tomar uno de los lugares en el barco que zarpaba para Creta. Muy a su pesar, Egeo lo permitió, no sin antes pedirle que si triunfaba, debía cambiar las velas negras, que acostumbraban poner en el barco en esas ocasiones, por unas blancas una vez concluida la aventura; así Egeo sabría que todo había salido bien. Teseo prometió que recordaría hacer esto y partió para Creta.

Dentro del barco no todo era lo que parecía. Dos de las doncellas que iban para el sacrificio eran soldados disfrazados. Teseo sabía que podría necesitarlos en Creta. Cuando el barco llegó a la isla, los esperaba una gran multitud que quería ver, no sólo a las víctimas, sino a Teseo, el héroe que ya era famoso en toda Grecia.

¡Mmm, si esos dos logran pasar por mujeres, el rey debe estar ciego!

Locamente enamorada

Entre todos los cretenses, quien quedó más favorablemente impresionada con Teseo, fue ni más ni menos que la bella Ariadna, la hija del rey Minos. Ella se enamoró locamente de Teseo y prometió hacer todo lo posible para ayudarlo a acabar con el Minotauro.

Pregúntale al rapsoda

¿Cómo llegó Teseo a Creta?

El barco que llevaba a Teseo zarpó del puerto de Atenas. Tomó rumbo hacia el sur y cruzó las islas Cícladas hasta llegar al palacio de Minos, en Cnosos.

Atenas

Islas Cícladas

Mar Mediterráneo

Cnosos
Creta

La muerte del Minotauro

Iba a ser muy difícil matar al Minotauro y además, después de hacerlo, Teseo tendría que encontrar el modo de salir del laberinto. Afortunadamente, Ariadna le dio a Teseo un ovillo de hilo que al ir desenrollando, a medida que atravesaba la compleja construcción de corredores y pasillos, podría encontrar la salida, siguiendo la misma ruta que había utilizado para entrar. En la oscuridad, Teseo le dio un beso de despedida a Ariadna y entró a la tenebrosa prisión.

Por las cavernas mal iluminadas y con la única compañía de esqueletos y ratas, Teseo caminaba a tropezones. Al fin, súbitamente, escuchó la pesada y áspera respiración del Minotauro. Al voltear, los dos se encontraron frente a frente. A Teseo se le pusieron los pelos de punta ante las afiladas garras y el hocico babeante del Minotauro. Para el monstruo éste fue un enfrentamiento inesperado, pues sus víctimas generalmente eran presas fáciles que no oponían ninguna resistencia. Cuando la salvaje criatura se abalanzó sobre Teseo, nuestro héroe luchó hasta darle muerte.

Una ruta de escape

Nuevamente, fue el ingenio de Dédalo el que vino al rescate. Fue él quien le dio a Ariadna el ovillo de hilo para que Teseo pudiera encontrar el camino de salida del laberinto. En agradecimiento por su ayuda, Teseo le prometió a Ariadna casarse con ella y protegerla de su padre.

Pregúntale al rapsoda

¿Qué les sucedió a las otras víctimas?

Los soldados que se habían disfrazado de doncellas enfrentaron y vencieron a los guardias del rey Minos y liberaron a los prisioneros.

La huida

Cuando Teseo salió triunfante del laberinto, Ariadna estaba rebosante de alegría. La pareja escapó al puerto junto con los otros prisioneros. Teseo y los dos soldados le hicieron agujeros a las naves cretenses antes de abordar su barco.

Cuando Minos se dio cuenta de que había sido traicionado por su propia hija y de que sus prisioneros habían escapado, salió rápidamente al puerto con un grupo de hombres armados para perseguirlos.

Pero tan pronto levaron anclas y empezaron a remar, los barcos se empezaron a hundir. La persecución fue en vano y el rey Minos tuvo que contentarse con ver a Teseo y Ariadna navegar en la distancia. Sin embargo, la pareja no viviría por siempre feliz. Una tormenta los obligó a desembarcar en la isla de Naxos. A la mañana siguiente, Ariadna se encontró con una amarga sorpresa.

glug... glug

¡Abandonada!

Después de la primera noche juntos, cuando despertó, Ariadna buscó a Teseo y al resto de la tripulación, pero no los encontró en ninguna parte. Corrió a la playa y apenas alcanzó a ver a lo lejos las velas del barco, el cual, a pesar de su llamado, no se detuvo.

¡Traidora! ¡No quiero volver a verte!

Pregúntale al rapsoda
¿Qué le sucedió a Ariadna?

Para su fortuna, Ariadna fue descubierta por Dioniso, el dios del vino y la alegría, quien la hizo su esposa. Dioniso la inmortalizó, quedando para siempre grabada en el cielo, como una constelación.

25

Dédalo e Ícaro

La fuga de Teseo fue la gota que colmó la paciencia del rey Minos. Desde que Dédalo había llegado a Creta sólo le había causado problemas. Como castigo, Minos lo encerró en la parte más alta de una torre junto con Ícaro, su hijo. Pero como siempre, el ingenio de Dédalo sobrepasó al de Minos.

Desde su celda, Dédalo atrajo los pájaros a la ventana, ofreciéndoles migas de pan antes de atraparlos. Con las plumas fabricó un gigantesco par de alas para él y para su hijo y las pegó con la cera de las velas que había en las paredes de sus celdas. Al sujetar las alas a sus brazos, padre e hijo volarían lejos de Creta a un lugar seguro. A pesar de que le tomó muchos meses armar las alas, finalmente estuvieron terminadas. Antes de elevarse, el viejo inventor le advirtió a su hijo que no volara muy cerca del Sol. Desafortunadamente, Ícaro no le hizo caso.

El joven que voló demasiado alto

A medida que Ícaro volaba más y más alto, la cera de sus alas se fue derritiendo. Ícaro se vino abajo dando volteretas hasta caer al mar y morir ahogado. El mar en el que cayó Ícaro se llama el mar de Icaria, como recuerdo del infortunado joven.

Oh, es delicioso sentir el calor del sol en mi espalda.

Pregúntale al rapsoda

¿Qué le sucedió a Dédalo?

El padre de Ícaro no se dio cuenta de que algo andaba mal sino hasta que fue demasiado tarde. Después continuó su vuelo hasta Sicilia, donde vivió lamentándose el resto de sus días por la pérdida de su amado hijo.

Un nuevo olvido de Teseo

No se sabe por qué Teseo abandonó a Ariadna. Tal vez estaba pensando en una mujer en Atenas o quizás los dioses le pusieron una perversa trampa para que se olvidara de ella. De todos modos, Teseo estaba a punto de pagar su imprudencia.

Cuando su triunfante nave llegó a Atenas, Teseo estaba tan feliz que olvidó cambiar las velas, tal como le había prometido a su padre, quien aguardaba desde lo alto de un acantilado a que el barco llegara y con él su hijo. Al ver que el barco entraba al puerto con las velas negras, creyó que su hijo había muerto y no quiso vivir más. Teseo le hizo señas desde el barco, pero el anciano no lo alcanzó a ver y se arrojó al mar desde el acantilado. El mar en el que se ahogó se llama en su honor mar Egeo.

¡Padre!

El rey Teseo

Teseo fue coronado rey de Atenas y bajo su reinado la ciudad se convirtió en la más poderosa del mundo griego. Sin embargo, con el tiempo fue forzado a dejar el poder y murió en la isla de Esciros. Muchos años más tarde, sus huesos regresaron a Atenas y fueron colocados en un templo.

Pregúntale al rapsoda

¿Qué sucedió con el rey Minos?

Después de su muerte, Minos se convirtió en uno de los tres jueces inmortales que deciden si las personas han sido buenas o malas durante su vida, y si después de su muerte deben pasar tormentos o alegrías.

Glosario

Constelación. Grupo de estrellas que muestran una imagen en el cielo por la noche.

Derecho de nacimiento. Posesiones o títulos que alguien adquiere cuando nace o por ser el primer hijo.

Heredero. Alguien que se convierte en dueño de los bienes de una persona, cuando ésta muere.

Inevitable. Algo que no se puede detener.

Ingenio. Facilidad de creación e invención (tener buenas ideas).

Inmortal. Alguien que no puede morir, igual que un dios.

Manipular. Influir en los demás en su propio provecho. Tratar de que otros hagan lo que uno quiera.

Oráculo. Lugar adonde se va a escuchar una profecía.

Plaga. Maldición, desastre o enfermedad enviada por los dioses.

Profecía. Predicción sobre lo que va a suceder en el futuro.

Rapsoda. Persona que iba de pueblo en pueblo contando poemas heroicos.

Refugio. Lugar seguro.

Sacrificio. Persona o animal que se da como ofrenda a los dioses.

Sagrado. Dedicado a los dioses o respetado porque viene de ellos.

Salto mortal. Movimiento del cuerpo cuando las piernas se doblan en el aire sobre la cabeza.

Quién es quién

Afrodita. Diosa del amor.

Androgeo. Hijo de Minos y Pasífae.

Apolo. Dios de la medicina y de las artes.

Ariadna. Hija de Minos.

Asterión. Rey de Creta

Dédalo. Inventor ateniense, padre de Ícaro.

Dioniso. Dios del vino y la alegría.

Eetes. Padre de Medea.

Egeo. Rey de Atenas.

Etra. Madre de Teseo.

Europa. Madre de Minos.

Ícaro. Hijo de Dédalo.

Jasón. Héroe que se casó con Medea.

Medea. Esposa de Egeo, casada anteriormente con Jasón.

Minos. Rey de Creta.

Minotauro. Criatura humana con cabeza de toro, hijo de Pasífae y de un toro sagrado.

Palante. Hermano de Egeo.

Palántidas. Los cincuenta hijos de Palante.

Pasífae. Esposa de Minos, madre de Androgeo.

Posidón. Hermano de Zeus, dios del mar.

Talos. Sobrino de Dédalo, murió por su culpa.

Teseo. Hijo del rey Egeo y de Etra.

Zeus. Rey de todos los dioses, hermano de Posidón.

índice

A
Afrodita 10, 31
Androgeo 8, 12, 15, 31
Ariadna 20, 22, 24-25, 28, 31
Asterión 5, 31
Atenas 8, 10-11, 14-15, 16-17, 18-19, 20-21, 24, 28

C
Cnosos 21
Corinto 19
Creta 5, 8, 12, 20-21

D
Dédalo 10, 12, 22, 26-27, 31
Delfos, oráculo de 8-9
Dioniso 25, 31

E
Eetes 19, 31
Egeo 8, 14, 16-17, 18, 20, 28, 31
Esciros 28
Etra 16, 31
Europa 7, 31

I
Icaria, mar de 26
Ícaro 10, 26-27, 31

J
Jasón 19, 31

L
laberinto 12-13, 14, 22, 24

M
Medea 18-19, 31
Minos 5, 6-7, 8, 10-11, 12, 14-15, 23, 24, 26
Minotauro 10, 12-13, 14-15, 22, 31

N
Naxos, isla de 24

P
Palante 16-17, 31
palántidas 16-17, 31
Pasífae 8, 10-11, 12-13, 20, 31
Piteo 16
plaga 8
Posidón 5, 10, 16, 31

S
sandalias 16
Sicilia 27

T
Talos 10
Teseo 16-17, 18, 20-21, 22, 24-25, 28-29, 31
toro 5, 6, 7, 10-11, 12

V
velas (del barco de Teseo) 20, 28
vellocino de oro 19

Z
Zeus 7, 31